Ein Geschenk für

Luisa

Mit besten Wünschen
von

Manfred und

Marianne

Bestell-Nr. RKW 963

© 2006 by
Reinhard Kawohl 46485 Wesel
Verlag für Jugend und Gemeinde
Titelfoto: A. Will
Innenbilder: L. Bertrand (20), DigitalVision (14),
I. Heidler (12), W. Krebber (16), V. Rauch (6),
W. Rauch (8, 10, 22), M. Ruckszio (18),
A. Will (24)

© der Bibeltexte:
Deutsche Bibelgesellschaft, Stuttgart
Gestaltung und Zusammenstellung: RKW

ISBN 3-88087-963-X

Ich schenk dir

Psalm 104

Auf,
mein Herz,
preise den HERRN!
HERR, mein Gott,
wie groß du bist!

In Hoheit
und Pracht
bist du gekleidet,
in Licht gehüllt
wie in einen Mantel.

Den Himmel
spannst du aus
wie ein Zeltdach.

Auch die großen Bäume
trinken sich satt,
die Libanonzedern,
die du gepflanzt hast.
In ihren Zweigen
nisten die Vögel,
hoch in den Wipfeln
hausen die Störche.

Du hast den Mond gemacht,
um die Zeit zu teilen;
die Sonne weiß,
wann sie untergehen muss.

Alle deine Geschöpfe
warten darauf,
dass du ihnen Nahrung
gibst zur rechten Zeit.

Sie nehmen,
was du ihnen ausstreust;
du öffnest deine Hand,
und sie alle werden satt.

Psalm 104
Macht und Güte des Schöpfers

1 Auf, mein Herz, preise den HERRN!
  HERR, mein Gott, wie groß du bist!
  In Hoheit und Pracht bist du gekleidet,
2 in Licht gehüllt wie in einen Mantel.
  Den Himmel spannst du aus wie ein Zeltdach.
3 Droben über dem Himmelsozean hast du deine
  Wohnung gebaut. Du nimmst die Wolken als
  Wagen oder fliegst auf den Flügeln des Windes.
4 Stürme sind deine Boten,
  und das Feuer ist dein Gehilfe.
5 Du hast die Erde auf Pfeilern erbaut,
  nun steht sie fest und stürzt nicht zusammen.
6 Die Fluten hatten das Land bedeckt,
  das Wasser stand über den Bergen.
7 Vor deiner Stimme bekam es Angst;
  es floh vor dem Grollen deines Donners.
8 Von den Bergen floss es ab in die Täler,

an den Ort, den du ihm zugewiesen hast.
9 Dann hast du dem Wasser Grenzen gesetzt,
nie wieder darf es die Erde überfluten.
10 Du lässt Quellen entspringen und zu Bächen werden; zwischen den Bergen suchen sie ihren Weg.
11 Sie dienen den wilden Tieren als Tränke,
Wildesel löschen dort ihren Durst.
12 An den Ufern bauen die Vögel ihre Nester,
aus dichtem Laub ertönt ihr Gesang.
13 Vom Himmel schickst du den Regen auf die Berge und gibst der Erde reichlich zu trinken.
14 Du lässt das Gras sprießen für das Vieh und lässt die Pflanzen wachsen, die der Mensch für sich anbaut, damit die Erde ihm Nahrung gibt:
15 Der Wein macht ihn froh, das Öl macht ihn schön, das Brot macht ihn stark.
16 Auch die großen Bäume trinken sich satt,
die Libanonzedern, die du gepflanzt hast.
17 In ihren Zweigen nisten die Vögel,
hoch in den Wipfeln hausen die Störche.
18 Den Steinböcken gehören die hohen Berge,

in den Felsen finden die Klippdachse Zuflucht.
19 Du hast den Mond gemacht, um die Zeit zu teilen;
die Sonne weiß, wann sie untergehen muss.
20 Schickst du die Dunkelheit, so wird es Nacht,
und die Tiere im Dickicht regen sich.
21 Die jungen Löwen brüllen nach Beute; sie
erwarten von dir, Gott, dass du sie satt machst.
22 Geht dann die Sonne auf, so ziehen sie sich
zurück und ruhen in ihren Verstecken aus.
23 Nun erwacht der Mensch; er geht an seine Arbeit
und müht sich, bis es wieder Abend wird.
24 HERR, was für Wunder hast du vollbracht!
Alles hast du weise geordnet;
die Erde ist voll von deinen Geschöpfen.
25 Da ist das weite, unermessliche Meer,
darin wimmelt es von Lebewesen,
von großen und kleinen Tieren.
26 Schiffe ziehen dort ihre Bahn
und die gefährlichen Meerungeheuer -
du hast sie geschaffen, um damit zu spielen.
27 Alle deine Geschöpfe warten darauf,

dass du ihnen Nahrung gibst zur rechten Zeit.
28 Sie nehmen, was du ihnen ausstreust;
du öffnest deine Hand, und sie alle werden satt.
29 Doch wenn du dich abwendest, sind sie verstört.
Wenn du den Lebenshauch zurücknimmst,
kommen sie um und werden zu Staub.
30 Schickst du aufs neue deinen Atem, so entsteht
wieder Leben. Du erneuerst das Gesicht der Erde.
31 Die Herrlichkeit des HERRN bleibe für immer
bestehen; der HERR freue sich an allem,
was er geschaffen hat!
32 Er sieht die Erde an, und sie bebt;
er berührt die Berge, und sie rauchen.
33 Ich will dem HERRN singen mein Leben lang;
meinen Gott will ich preisen, solange ich atme.
34 Ich möchte ihn erfreuen mit meinem Lied,
denn ich selber freue mich über ihn.
35 Wer sich gegen den HERRN empört, soll von
der Erde verschwinden, es soll keine Unheilstifter
mehr geben! Auf, mein Herz, preise den HERRN!
Preist alle den HERRN - Halleluja!

Psalm-Geschenk-Bände im Überblick:

Psalm 16	RKW 956	ISBN 3-88087-956-7
Psalm 19	RKW 952	ISBN 3-88087-952-4
Psalm 23	RKW 953	ISBN 3-88087-953-2
Psalm 27	RKW 954	ISBN 3-88087-954-0
Psalm 63	RKW 957	ISBN 3-88087-957-5
Psalm 65	RKW 961	ISBN 3-88087-961-3
Psalm 71	RKW 962	ISBN 3-88087-962-1
Psalm 91	RKW 951	ISBN 3-88087-951-6
Psalm 103	RKW 958	ISBN 3-88087-958-3
Psalm 104	RKW 963	ISBN 3-88087-963-X
Psalm 121	RKW 964	ISBN 3-88087-964-8
Psalm 139	RKW 959	ISBN 3-88087-959-1

Unsere Verlagsproduktion umfasst Bücher, Foto-Poster, Kalender, Karten usw. Fragen Sie nach Kawohl-Produkten oder fordern Sie Prospekte an.

www.kawohl.de